Inhaltsverzeichnis

Anmerkung: Liebe Lehrkraft, wir möchten in unseren Materialien niemanden benachteiligen oder diskriminieren. Daher nutzen wir unter anderem das Gendersternchen, um alle Geschlechter anzusprechen. In Texten für Schüler*innen verzichten wir jedoch aus Gründen der besseren Lesbarkeit darauf und nutzen weiterhin entweder die „neutrale" Form oder Doppelformen. Selbstverständlich sind stets alle Geschlechter gemeint.

Vorbemerkungen

Lasst uns mitreden und mitwirken, anpacken und unsere Lebenswelt gestalten, Gemeinschaft und Fairplay stärken. Demokratie leben – jetzt!

Alle BVK-Titel mit dem orange-weißen Button „Demokratie leben – Jetzt" machen Demokratie für Kinder greifbar und verständlich. Abwechslungsreiche Projektmappen führen Schritt für Schritt von Demokratie im Kleinen zu Demokratie im Großen; Lesetandems und Literaturprojekte verknüpfen Deutschunterricht mit Demokratiebildung; spannende Romane und interessante Sachbücher eignen sich wunderbar zur Vertiefung des Themas.

Die Projektmappe „Unsere Stimme – Unsere Wahl"

Die vorliegende Projektmappe für die 3. bis 6. Klasse enthält fünf aufeinander aufbauende Themenblöcke. Die Kinder lernen im Themenblock I zunächst, wie sie jeden Tag vor einer Vielzahl an Entscheidungen stehen und wie sie wichtige Angelegenheiten gemeinsam diskutieren, argumentieren und beschließen. Ausgehend von Alltagserfahrungen werden im Themenblock II die verschiedenen Möglichkeiten der Mitbestimmung in der Schule behandelt; vorneweg die Klassensprecherwahl, die bereits in die fünf demokratischen Wahlgrundsätze einführt. In den Themenblöcken III und IV folgen dann die höheren Ebenen: mitbestimmen und wählen im Heimatort, im Bundesland und schließlich in der Bundesrepublik. Abschließend werden in Themenblock V einige wichtige Aspekte vertieft, unter anderem das Frauenwahlrecht, der Wahlkampf und der detaillierte Ablauf einer Wahl.

Extra!: In der Heftmitte finden Sie das Spiel „Entscheidungen quer durch Deutschland". Für mehr Spielspaß empfiehlt sich, die Doppelseite herauszunehmen und zu laminieren. Die Spielregeln finden Sie auf Seite 27. Auf der Rückseite des Spiels finden Sie eine große Deutschlandkarte, die innerhalb des Themenblocks IV vielfältig im Unterricht verwendet werden kann.

Hinweise zu den Arbeitsblättern

Zu Seite 7 – 9 „Gemeinsam zu einer Entscheidung kommen" und „Der Klassenausflug"

Bei den dargestellten Szenarien, die möglichst nah an der Lebenswelt der Kinder sein sollen, gibt es keine richtige oder falsche Lösung. Vielmehr geht es darum, dass die Kinder Situationen mit verschiedenen Handlungsalternativen kennenlernen. Dass sie eine Diskussion in der Gruppe selbst erfahren, hier ihre Meinung vertreten, argumentieren, Kompromisse finden und gemeinsam eine begründete Entscheidung treffen. In „Der Klassenausflug" (S. 8) ist dieser Prozess um das Abwägen numerischer Daten (bspw. Kosten, Anfahrtszeit) erweitert. In allen Fällen sollte die Entscheidungsfindung anschließend gemeinsam reflektiert werden.

Es ist auch möglich, den Lernenden eine Situation mit offener Lösung (ohne Lösungsalternativen) vorzulegen. Möglich ist dies zum Beispiel mit den Themen „Der Klassenname" oder „Die Klassenlektüre". In diesen Fällen erarbeiten die Kinder eigenständige Lösungen. Es ist jedoch wichtig, vorab Regeln zu formulieren. Zum Beispiel: Es dürfen keine Schimpfwörter benutzt werden (Der Klassenname); die Lektüre muss der Altersklasse der Schüler gerecht werden (Die Klassenlektüre).

Zu Seite 10 – 13 „Die Klassensprecherwahl“

Hier sollen die Schüler*innen selbst erfahren, was bei einer Wahl alles schiefgehen kann. Im Falle der fiktiven Situation in der Klasse sind das folgende Dinge: Zwei Schüler werden von der Lehrerin ausgeschlossen (die Wahl ist nicht allgemein), Lamine möchte Sebastians Stimme stellvertretend mit abgeben (die Wahl ist nicht unmittelbar), Julius drängt Aylin zur Wahl (die Wahl ist nicht frei), Julius möchte, dass u. a. seine Stimme doppelt und die Stimmen der zur Wahl Stehenden nur zur Hälfte zählen (die Wahl ist nicht gleich).

Zu Seite 14 / 15 „Noch mehr Wahlen in der Klasse“

Bei der Auswahl der Ämter wurden bewusst auch solche gewählt, die es in der Regel eher selten gibt. Ebenso sind auch die Bedingungen, wer wählen darf, willkürlich gewählt. In erster Linie soll es darum gehen, die Kinder erfahren zu lassen, wie wichtig es ist, die einzelnen Wahlgrundsätze zu beachten.

Zu Seite 18 / 19 „Spielplatz in Gefahr“

Zu den weiteren Möglichkeiten der Mitbestimmung gehören die Petition, die Bürgerinitiative, das Bürgerbegehren und der Einwohnerantrag. Bei einer Demonstration gilt die Versammlungsfreiheit: Alle Deutschen haben das Recht, sich ohne Anmeldung oder Erlaubnis friedlich und ohne Waffen zu versammeln. Dieses Recht kann allerdings eingeschränkt werden bei Versammlungen, die im Freien stattfinden sollen. Bei Demonstrationen im Freien müssen die Veranstalter zum Beispiel darauf achten, dass der Verkehr nicht behindert wird. Auch darf das Eigentum von anderen nicht beschädigt oder zerstört werden. Das trifft zum Beispiel auf Schaufenster der Geschäfte zu, wenn eine Demonstration in einer Fußgängerzone stattfindet.

Zu Seite 22 „Wer wird unser Bürgermeister / unsere Bürgermeisterin?“

Vielleicht gelingt es den Schüler*innen, die Bürgermeisterin oder den Bürgermeister in die Klasse einzuladen. Dabei können sie fragen, was sie oder er zu tun hat und welche Aufgaben sonst in einer Stadt anfallen. Die Schüler*innen können über ihre Recherchen eine Klassenzeitung anfertigen.

Zu Seite 27 „Entscheidungen quer durch Deutschland“ – die Spielregeln

Bei den Fotofeldern darf gerne mitgeraten werden, welche Stadt und welches Bundesland das Bild repräsentiert. Bei den Entscheidungsfeldern kann ggf. eine Zeitbegrenzung eingeführt werden: Wurde die Entscheidungssituation vorgelesen, hat das Team beispielsweise 20 Sekunden Zeit, bis eine Entscheidung feststehen muss.

Zu Seite 36 – 38 „Die Bundestagswahl“

Weil die Grundlagen einer solchen Wahl möglichst kindgerecht und leicht verständlich dargelegt werden sollen, tauchen weiterführende Fachbegriffe wie zum Beispiel das Überhangmandat bewusst nicht im Text auf. Wichtige Fachbegriffe werden allerdings im Wahl-Wörterbuch auf den Seiten 46 / 47 erklärt.

Zu Seite 41 / 42 „Wen soll ich eigentlich wählen?“

Besprechen Sie die einzelnen Thesen ggf. vorher im Plenum, damit allen Schüler*innen klar ist, was mit der jeweiligen These gemeint ist. Eine Auswertung der Entscheidungen der Kinder sollte mit Bedacht durchgeführt werden, um kein Kind bloßzustellen.

Zu Seite 45 „Der Stimmzettel“

Hier geht es darum, dass die Kinder den Stimmzettel einmal sehen und die wichtigsten Elemente erkennen. Daher werden keine Parteien oder echte Personen genannt. Sprechen Sie mit den Kindern darüber, dass bei der Erststimme normalerweise die Namen realer Personen und bei der Zweitstimme die Namen realer Parteien stehen und dass die Liste sonst noch sehr viel länger ist.

Unter diesem Zeichen finden Sie auf den Arbeitsblättern (s. S. 19, 22 und 33) Zusatzaufgaben zu dem jeweiligen Thema. Diese Aufgaben eignen sich für die Bearbeitung mit der ganzen Klasse, können aber auch individuell für schneller arbeitende Kinder eingesetzt werden.

Weitere Hinweise: Demokratiebildung integrativ

Viele Seiten verknüpfen Demokratiebildung bewusst mit anderen wichtigen Bereichen des Unterrichts in der 3. bis 6. Klasse. Zum Beispiel „Die Klassensprecherwahl“ ab Seite 10: Hier verschmelzen Demokratiebildung und Leseförderung. Oder „Die Landtagswahlen“ auf Seite 32 / 33: Unter anderen kann dort zusätzlich die Medienkompetenz der Kinder gefördert werden.

Weitere Hinweise: Wahlen und Mitbestimmung in Europa

Wahlen und Mitbestimmung in Europa werden innerhalb dieser Projektmappe nicht behandelt. Der Kontinent Europa und die EU inkl. der Europawahl werden ausführlich in der Projektmappe Europa (DE253, 60 Seiten, 3. bis 6. Klasse) thematisiert.

Ein Tag voller Entscheidungen (1)

Schneide die Textkästen aus und lies die Texte. Kannst du Leons Tagesablauf in die richtige Reihenfolge bringen?

Endlich Pause. Normalerweise geht Leon dann immer zum Sportplatz. Aber die ersten beiden Stunden waren heute ziemlich anstrengend. Deshalb ist Leon unsicher. Wirklich auspowern? Oder lieber Ruhe? Er entscheidet sich für die Sitzbank neben der Cafeteria.

Leons Wecker klingelt um Viertel nach sieben. Hastig steigt er aus dem Bett und geht zum Kleiderschrank. Was soll er bloß anziehen? Nach kurzer Überlegung greift er sich seinen neuen, dunkelgrünen Pullover.

Auch am Nachmittag ist es draußen noch schön. Leon würde so gern mit seinen Freunden zum See fahren. Aber er hat seiner Mutter versprochen, ihr bei der Gartenarbeit zu helfen. Die Kartoffeln können geerntet werden. Deswegen fährt er heute nicht zum See. Stattdessen streift er sich die Handschuhe über und stapft zum Kartoffelbeet im Garten.

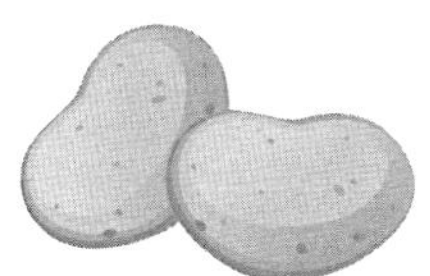

Nach der Schule macht Leon extra einen kleinen Umweg, um an seiner Lieblingseisdiele vorbeizukommen. Etwas Kleingeld hat er noch dabei, das reicht genau für eine Kugel Eis. Leon steht lange am Verkaufsschalter. Erdbeere? Zitrone? Mango? Er mag doch so vieles. Dann wählt er doch den Klassiker: ein Bällchen Schoko im Hörnchen!

Perfekt, heute Abend gibt es Spaghetti, Leons Lieblingsessen. Besonders gerne mag er es mit Bolognese. Aber durch die Gartenarbeit sind er und seine Mutter spät dran. Leon zögert deswegen nicht lange: Er sagt seiner Mutter, dass sie heute keine Bolognese machen soll. Mit Tomatensoße mag er die Nudeln nämlich auch gerne und das geht viel schneller!

Wie immer nach dem Anziehen macht sich Leon noch sein Brot für die Schule. Als er mit allem fertig ist, ist es halb acht. Er schnappt sich seinen Schulrucksack. Soll er lieber mit dem Rad fahren, um ganz sicher pünktlich da zu sein? Nein, denkt sich Leon, zu Fuß schaffe ich es auch noch rechtzeitig.

Ein Tag voller Entscheidungen (2)

Entscheidungen treffen

1. **Sammelt in der Klasse alle Entscheidungen, die Leon treffen muss. Warum entscheidet er sich so? Wie hättest du dich an seiner Stelle entschieden?**
2. **Welche Entscheidungen musstest du heute schon treffen? Tausche dich mit deinem Sitznachbarn darüber aus.**
3. **Nicht immer sind es nur alltägliche Entscheidungen, die man treffen muss. Manchmal sind sie viel wichtiger. Sie zu treffen, fällt uns oft deutlich schwerer. An welche wichtige Entscheidung in deinem Leben kannst du dich erinnern? Warum hast du dich so entschieden? Hat dir bei deiner Entscheidung vielleicht jemand geholfen? Fülle aus.**

Eine wichtige Entscheidung von mir:

____

____

____

Warum ich mich so entschieden habe:

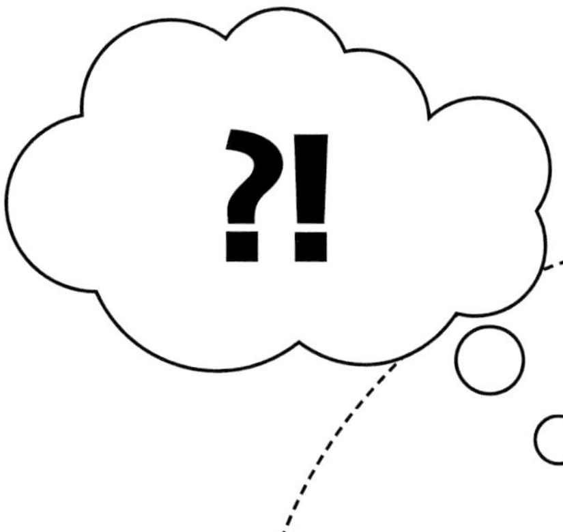

____

____

____

____

____

____

____

?!

Gemeinsam zu einer Entscheidung kommen

1. **Arbeitet in drei gleich großen Gruppen zusammen. Jede Gruppe bearbeitet eine Situation (Kasten).**
2. **Lest den kurzen Text zu eurer Situation.**
   Besprecht die Situation in eurer Gruppe und kommt gemeinsam zu einer Entscheidung.

Eine große Spende eines Unternehmens ist eingegangen. Somit kann der Schulhof endlich neu gestaltet werden. Die Schüler haben schon viele Ideen gesammelt. Besonders häufig genannt wurden ein Fußballfeld, Basketballkörbe und ein neues Klettergerüst. Das Geld reicht aber nur für die Umsetzung einer Idee aus. Und die Zeit drängt, denn die Bauarbeiten sollen bald beginnen. Wie sollte der Schulhof neu gestaltet werden?

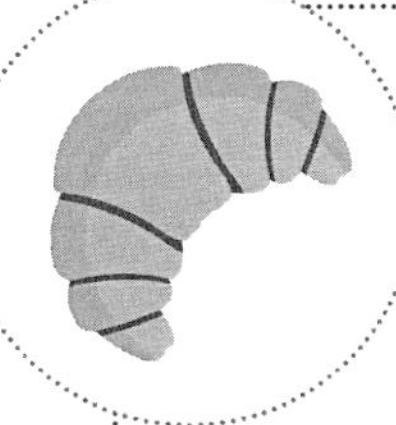

Ab nächsten Monat soll es endlich Croissants am Schulkiosk geben. Viele Schüler hatten sich das schon lange gewünscht. Unklar ist aber noch, für welchen Preis die neuen Köstlichkeiten verkauft werden sollen. Frau Meier, die den Schulkiosk lange mitbetreut hat, weiß: Croissants für einen Euro zu verkaufen wäre zu wenig. Mehr als 2,50 € wären aber zu viel, weil die meisten Schüler nicht so viel Taschengeld dabei haben. Viele Schüler müssten dann auf den Snack in der Pause verzichten. Welcher Preis sollte gewählt werden?

Einige Schüler aus der Parallelklasse haben vorgeschlagen, dass man in der großen Pause in Zukunft auch innen bleiben kann. Dort könne man schließlich lesen, lernen oder sich in eine ruhige Ecke zurückziehen. Außerdem sei es draußen auf dem Schulhof manchmal viel zu laut und hektisch. Viele andere sagen aber, dass die Schüler nach anderthalb Stunden Unterricht unbedingt Bewegung an der frischen Luft brauchen. Nun herrscht Uneinigkeit über die Regel. Welche Entscheidung sollte getroffen werden?

3. **Präsentiert in der Klasse: Was war die Ausgangslage eurer Situation? Zu welchem Ergebnis seid ihr gekommen? Wie habt ihr eure Entscheidung getroffen? Gab es Probleme bei der Entscheidungsfindung?**

Der Klassenausflug (1)

Lies den Text unten. Schreibe die wichtigsten Informationen über die drei Möglichkeiten in Stichpunkten heraus. Du kannst dafür die Tabelle nutzen.

Wie die Zeit vergeht: In sechs Wochen sind schon wieder Sommerferien. Das bedeutet auch, dass der Wandertag nicht mehr weit weg ist und die Planung so langsam beginnt. Für die 3c von Herrn Simons ging es im letzten Jahr auf eine Paddeltour. Das war ein tolles Erlebnis. Dieses Jahr stehen drei neue Möglichkeiten zur Auswahl: eine Fahrt zum Botanischen Garten, der Besuch des Kletterparks oder Bowling spielen. Herr Simons weiß genau, dass es für alles Vorteile, aber auch Nachteile gibt. Gemeinsam mit seiner Klasse geht er die Möglichkeiten für den Wandertag noch einmal durch …

1) Bei einem Besuch im **Botanischen Garten** kann mal viel über verschiedene Pflanzen und Tiere lernen. Aufgrund der Ermäßigungen für Schulen zahlt jedes Kind nur 3 €. Leider ist der nächstgelegene Botanische Garten nicht in direkter Nähe der Schule. Mit dem Bus ist man fünfzig Minuten hin und genauso lange zurück unterwegs. Von seinen Kollegen hat Herr Simons gehört, dass es vor Ort derzeit nur einen Getränkestand gibt. Der Imbiss wird gerade neu gemacht und ist daher geschlossen.
2) Auch im **Kletterpark** gibt es mittlerweile Rabatt für Schülergruppen. Jedes Kind zahlt für zwei Stunden Klettern nur noch 7 € statt wie bisher 10 €. Gut ist auch, dass sich der Kletterpark nahe am Schulort befindet. Vom Schulgelände sind es nur zehn Minuten Fußweg. Leider wird die Anlage bei starkem Regen gesperrt und auch bei leichtem Regen macht das Klettern weniger Spaß. Zwei Schüler haben schon gesagt, dass sie Höhenangst haben. Dafür gibt es aber im Innenbereich eine tolle Verpflegung mit vielen leckeren Speisen.
3) Für das **Bowlingspielen** ist es egal, ob es regnet oder nicht. Die Indoor-Anlage im Nachbarort ist bei wenig Verkehr mit dem Bus in fünfzehn Minuten zu erreichen. Einige Kinder haben Herrn Simons schon berichtet, oft und gerne Bowling zu spielen. Ein Junge mag auch die Pizza dort sehr gerne. Mehr als Pizza wird allerdings nicht angeboten. Für Schülergruppen gibt es keine Sonderpreise. Die Benutzung einer Bahn mit fünf Kindern kostet pro Stunde 20 €. Hinzu kommen die Leihschuhe. Diese kosten noch einmal 2 € extra für jeden.

Vorschlag	Kosten	Anfahrt	Verpflegung	Wetter	Sonstiges
Botanischer Garten					
Kletterwald					
Bowling					

Der Klassenausflug (2)

Entscheidungen treffen

1. Diskutiert in der Klasse die Vorteile und Nachteile der Ausflugsmöglichkeiten. Welcher Vorschlag ist der beste? Wie sehen jeweils die Kosten aus? Begründet eure Meinung! Schafft ihr es, gemeinsam zu einem Ergebnis zu kommen?
2. Haltet euer Ergebnis fest. Wie seid ihr zu einer Entscheidung gekommen? Was lief gut bei der gemeinsamen Entscheidungsfindung? Was lief nicht so gut? Trage in die entsprechenden Linien ein.

Unsere Entscheidung:

____

So sind wir zu einer Entscheidung gekommen:

____

____

____

Das lief gut bei der Entscheidungsfindung:

____

____

____

Das lief nicht gut bei der Entscheidungsfindung:

____

____

____

Die Klassensprecherwahl (1)

Verteilt die Sprechrollen und führt das Rollenspiel durch. Die fünf Schüler mit Sprechrolle können nach vorne kommen oder auf ihrem Platz sitzen bleiben.
Die Schüler ohne Sprechrolle hören aufmerksam zu.

Erzähler:
Es ist schon wieder so weit: Die 4a wählt ihren Klassensprecher. Das war schon im letzten Jahr ein einziges Chaos. Diesmal stehen Miguel, Nathan und Emilia zur Wahl. Klassenlehrerin Frau Klausmann überreicht den Schülern leere Zettel, auf die sie ihre Wahl notieren können. Zwei Schüler erhalten keinen Zettel: Karim, weil er erst seit zwei Wochen in der Klasse ist. Und Tim, weil er sich bei der letzten Klassensprecherwahl nicht gut verhalten hat.

Lamine:
Kann ich noch einen zweiten Zettel haben? Sebastian kann ja heute nicht dabei sein. Der ist beim Zahnarzt.

Emilia:
Und jetzt möchtest du einfach einen Namen für ihn auf den Zettel schreiben, oder wie?

Lamine:
Nein, nicht einfach so. Sebastian hat mir doch gestern gesagt, wen er wählen möchte. Den Namen schreibe ich für ihn auf den Zettel.

Emilia:
Das geht aber nicht. Du könntest doch jetzt jeden Namen dorthin schreiben, das kann Sebastian ja gar nicht kontrollieren.

Lamine:
Sebastian kennt mich doch, wir sitzen seit zwei Jahren nebeneinander …

Die Klassensprecherwahl (2)

Aylin:
Lamine, nimm einfach meinen Zettel. Ich möchte nämlich nicht mitwählen.

Julius:
Warum denn nicht, Aylin?

Aylin:
Ich möchte einfach nicht. Und ich weiß auch gar nicht, wen ich wählen soll.

Erzähler:
Aylin steht verunsichert im Raum und möchte ihren leeren Zettel zu Lamine bringen.

Julius:
Nein Aylin, setz dich wieder hin und schreib einen Namen auf den Zettel. Irgendeinen. Ist doch egal, welchen. Hauptsache, du hast auch mitgemacht!

Emilia:
Julius, dir ist aber klar, dass du keinen dazu zwingen kannst, oder? Wenn Aylin nicht mitwählen möchte, dann ist das ihr gutes Recht.

Julius:
Oh, hat da jemand Angst, nicht gewählt zu werden?

Emilia:
Sagt der Richtige. Nicht gewählt zu werden, das kennst du ja nur zu gut …

Erzähler:
Julius hatte sich im letzten Jahr zur Wahl gestellt. Er hatte aber nur die drittmeisten Stimmen erhalten. Carina hatte die zweitmeisten Stimmen bekommen und Tatjana wurde mit den meisten Stimmen zur Klassensprecherin gewählt.

Die Klassensprecherwahl (3)

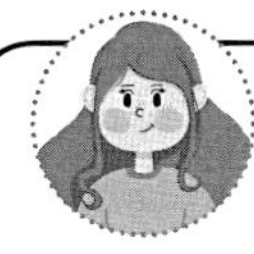

Julius:
Ach, das ist eh schon so lange her. Und ich finde ja sowieso, dass die Stimmen von Tatjana, Carina und mir in diesem Jahr doppelt zählen müssten.

Emilia:
Hä, warum denn das?

Julius:
Weil wir letztes Jahr zur Wahl standen und mehr Ahnung haben von einer Klassensprecherwahl. Und deine Stimme müsste nur zur Hälfte zählen, weil du dich selbst wählen kannst und das nicht fair ist, wenn das so viel zählt wie die Stimmen der anderen.

Emilia:
Also Julius, das …

Erzähler:
Emilia ist kurz davor, richtig sauer zu werden. Sie und Julius könnten jetzt stundenlang diskutieren. Sowieso sind schon zwanzig Minuten vergangen und noch immer steht kein Klassensprecher fest. Frau Klausmann dachte eigentlich, sie könnte die Wahl vollständig den Kindern überlassen. Jetzt muss sie aber so einiges klarstellen …

1. **Was sind eure Eindrücke nach dem ersten Hören?**
   Besprecht in der Klasse. Führt das Rollenspiel danach ein zweites Mal durch. Achtet nun genau darauf, welche Fehler die Schüler bei der Klassensprecherwahl machen. Macht euch Notizen.
2. **Wie sollte eine Klassensprecherwahl stattdessen aussehen?**
   Besprecht In der Klasse.
3. **Lies anschließend den Infotext (Das musst du wissen!) auf Arbeitsblatt (4).**
   / Unterstreiche die wichtigsten Informationen. Kannst du die fünf demokratischen Grundsätze einer Wahl in eigenen Worten wiedergeben?

Die Klassensprecherwahl (4)

4. Falls ihr noch keine Klassensprecherwahl durchgeführt habt, könnt ihr das nun tun. Beachtet dabei die fünf Wahlgrundsätze. Natürlich können sich die Wahlkandidaten vorab vorstellen und ein Wahlplakat erstellen. Orientiert euch an folgenden Fragen:

- **➡ Welche Stärken habe ich?**
- **➡ Wie würde ich den Zusammenhalt in der Klasse stärken?**
- **➡ Wie kann ich mich für die Interessen der Klasse einsetzen?**

Klassensprecherwahlen sollten **allgemein, unmittelbar, frei und gleich** sein. Das gilt übrigens auch für Wahlen in Städten, Bundesländern und ganz Deutschland und ist sogar im Grundgesetz so festgelegt. Diese Wahlen müssen darüber hinaus auch **geheim** sein. Doch Klassensprecherwahlen können auch per Handzeichen durchgeführt werden. Das sind die sogenannten fünf demokratischen Wahlgrundsätze. Aber was bedeuten diese Grundsätze eigentlich?

☐ **Die Wahl ist allgemein!**
Alle Mitglieder einer Klasse dürfen bei der Klassensprecherwahl abstimmen. Alle Einwohner und Einwohnerinnen ab 16 Jahren dürfen bei einer Kommunalwahl mitmachen. Alle Deutschen ab 16 Jahren (viele Landtagswahlen) bzw. 18 Jahren (Bundestagswahl) haben in Deutschland ein Stimmrecht.

☐ **Die Wahl ist unmittelbar!**
Die Wählenden wählen ihren Wunschkandidaten direkt und nicht über Mittelspersonen.

☐ **Die Wahl ist frei!**
Jeder darf wählen, wen er will. Dabei darf man nicht unter Druck gesetzt werden. Außerdem darf jeder entscheiden, ob er überhaupt wählen möchte. Es gibt ein Wahlrecht, aber keine Wahlpflicht.

☐ **Die Wahl ist gleich!**
Jede Stimme zählt gleich viel. Zum Beispiel zählt die Stimme eines Schülers mit guten Noten nicht mehr als die Stimme eines Schülers mit schlechteren Noten. Oder: Die Stimme eines Menschen mit niedrigem Einkommen zählt bei einer Bundestagswahl genauso viel wie die Stimme eines Menschen mit hohem Einkommen.

☐ **Die Wahl ist geheim!**
Alle setzen ihr Wahlkreuz unbeobachtet. Die Stimmzettel werden gefaltet und anschließend in eine Wahlurne geworfen. Bei Kommunal-, Landtags- und Bundestagswahlen kann auch per Briefwahl gewählt werden. Auch diese ist geheim.

Noch mehr Wahlen in der Klasse (1)

Wahlen und Mitbestimmung in der Schule

1. Welche Positionen können in einer Klasse noch vergeben werden? Denkt euch in Partnerarbeit eine Position aus und überlegt: Welche Stärken sind für die Position wichtig? Wie kann die Position gut ausgefüllt werden? Wer könnte sie gut erfüllen?
   Macht euch Notizen und präsentiert eure Ergebnisse anschließend in der Klasse. Begründet eure Entscheidung!
2. Schaut euch nun die Wahlen a) bis e) an. Ihr könnt die einzelnen Wahlvorgänge auch in der Klasse nachspielen. Welcher Wahl-Grundsatz wurde bei welchem Wahlvorgang verletzt? Trage ein.
   Tipp: In den Beispielen wird jeder der Wahl-Grundsätze genau ein Mal verletzt.

a) Wahl zum / zur Pausenabgeordneten

➡ Alle Stimmen von Kindern mit dunklem Oberteil zählen doppelt.

Die Wahl ist nicht ______________________________

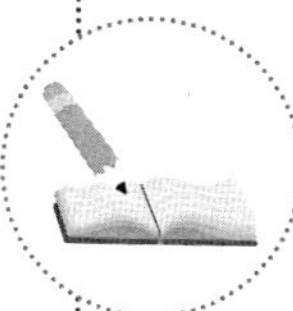

b) Wahl zum / zur Klassenbuchbeauftragten

➡ Jedes Kind muss wählen, auch wenn es nicht will. Die Lehrkraft flüstert fünf Schülern ins Ohr, wen sie wählen sollen. Sie verspricht dafür, dass sie eine Woche keine Hausaufgaben machen müssen.

Die Wahl ist nicht ______________________________

c) Wahl zum Blumenhüter / zur Blumenhüterin

➡ Es dürfen nur die Kinder wählen, die von Januar bis Juni Geburtstag haben. Alle anderen sind von der Wahl ausgeschlossen.

Die Wahl ist nicht ______________________________

Noch mehr Wahlen in der Klasse (2)

d) Wahl zum / zur Leseclubvorsitzenden

➡ Die Stimmen der Kinder, die krankheitsbedingt fehlen, werden an die Klassenbeste abgegeben. Die Klassenbeste darf dann auch diese Stimmen für ihren Wunsch nutzen.

Die Wahl ist nicht ______________________________

e) Wahl zum Bastelkönig / zur Bastelkönigin

➡ Die Kinder wählen nicht auf einem Zettel, sondern sollen ihre Wahl nacheinander laut in die Klasse reinrufen.

Die Wahl ist nicht ______________________________

allgemein – unmittelbar – frei – gleich – geheim

Warum ist es so wichtig, die Aufgaben in der Klasse durch eine Wahl zu verteilen? Und warum sollten dabei auch die bekannten Wahl-Grundsätze eingehalten werden, die auch in der Politik gelten?

Sprecht in der Klasse darüber!

Der Schülerrat

Wahlen und Mitbestimmung in der Schule

An der Erich-Kästner-Grundschule möchten die Kinder, dass auf ihrem Schulhof ein Klettergerüst aufgebaut wird. „Dann können wir in den Pausen klettern. Das macht bestimmt viel Spaß!“, sagen viele Kinder und fragen bei der Schulleiterin nach, ob ein solches Klettergerüst auf ihrem Schulhof aufgestellt werden kann. Die Schulleiterin sagt: „Tolle Idee! Aber das kann ich nicht entscheiden. Das macht die Stadtverwaltung. Sie ist unser Schulträger, so heißt das. Denn ein solches Gerät muss sicher sein und es muss auch sicher aufgebaut werden. Und es muss ja auch bezahlt werden.“

Arbeit in Kleingruppen:

1. **Wie können die Schüler erreichen, dass auf ihrem Schulhof ein Klettergerüst aufgebaut werden kann? Besprecht in der Gruppe.**
2. **Wie könnte das Klettergerüst aussehen?**
   Erstellt eine Zeichnung oder besorgt euch passende Fotos.
3. **An welchem Standort soll das Klettergerüst stehen? Macht einen Plan von eurem Schulhof. Denkt daran, dass vielleicht auch andere Teile des Schulhofs dadurch verändert werden müssen.**
4. **Welche Möglichkeiten gibt es allgemein, wie die Kinder in der Schule bei wichtigen Dingen, wie dem Bau eines neuen Klettergerüsts, mitsprechen und mitbestimmen können? Besprecht in der Gruppe.**
   Haltet eure Ergebnisse fest.
5. **Informiert euch konkret über die Möglichkeiten der Mitbestimmung in eurer Schule und eurer Stadt. Gibt es einen Schülerrat? Gibt es in der Stadt ein Schülerparlament? Was wird dort besprochen und wie werden die Kinder und Jugendlichen an Entscheidungen beteiligt?**
   Schreibt auf, was ihr herausbekommt.

Immer Ärger mit den Mathelehrern

Wahlen und Mitbestimmung in der Schule

Wieder einmal gibt es in der 4a und 4b Ärger mit den Mathelehrern Herr Huber und Herr Kral. Wie schon mehrmals vorgekommen, haben sich die Lehrer abgesprochen und geben erst einen Tag vorher bekannt, dass am nächsten Tag eine Klassenarbeit geschrieben wird. Die Kinder der Jahrgangsstufe sind sauer und wollen die Arbeit nicht schreiben.

Bildet 4er-Gruppen. Sprecht und spielt mit verteilten Rollen:

Luca:
Das ist doch eine Sauerei. Der Huber spinnt doch! Jetzt kann ich wieder den ganzen Nachmittag rumhocken und die dämlichen Matheaufgaben pauken. Und das Training kann ich auch vergessen! Samstag haben wir ein wichtiges Spiel.

Ferime:
Der hat sich wieder mit dem Kral abgesprochen, wir schreiben nämlich auch morgen die Arbeit. Jedes Mal machen die das. Ich krieg das nicht auf die Reihe, alles heute zu wiederholen. Ich muss auch noch auf meinen kleinen Bruder aufpassen. Die Arbeit geht voll daneben!

Johanna:
Geht mir genauso. Das pack ich nicht so schnell. In der letzten Arbeit hatte ich auch schon 'ne Fünf. Wegen Mathe bleib ich noch hängen. Wenn ich nur länger für die Arbeit üben könnte!

Tom:
Regt euch doch nicht so auf. Irgendwann wäre die Arbeit doch sowieso fällig geworden!

Luca:
Ja, Tom, du kannst den ganzen Kram ja auch! Aber die meisten von uns haben keinen Plan! Wenn ich nur an morgen denke, wird mir schon schlecht! Eigentlich dürften wir uns das nicht gefallen lassen. Wir motzen rum, tun aber nichts! Wir müssten eigentlich …!

Ja, was müssten sie eigentlich? Überlegt einmal, was die Kinder tun könnten.
Besprecht eure Ideen. Spielt anschließend die Situation weiter.
Dabei müsst ihr zu einem Ergebnis kommen.
Besprecht, ob auch andere Lösungen möglich gewesen wären.

Spielplatz in Gefahr (1)

Wahlen und Mitbestimmung im Heimatort

Betrachtet die Bilder und sprecht über eure ersten Gedanken und Einfälle. Schaut euch dann die Überschrift dazu an: „Spielplatz in Gefahr“.
Überlegt gemeinsam, warum der Spielplatz in Gefahr sein könnte.
Fallen euch noch weitere mögliche Überschriften zur Situation ein?
Notiert eure Ideen.

SPIELPLATZ IN GEFAHR

Spielplatz in Gefahr! (2)

„Habt ihr das auch schon gehört?“, fragt Hanna ihre Freundinnen auf dem Weg von der Schule nach Hause. „Unser Spielplatz soll plattgemacht werden. Hat mir meine Mutter erzählt. Stand wohl auch in der Zeitung.“

„Was? Unser Spielplatz?“, reagiert Ayshe ganz entsetzt.

„Aber warum denn? Das können die doch nicht machen!“, mischt sich auch die sonst so stille Marla ins Gespräch ein.

„Meine Mutter sagt, dass das feststeht …“, meint Hanna noch. „Hier sollen Wohnungen gebaut werden. Ein ziemlich großer Kasten.“

„Kann man da wirklich nichts gegen tun?“, fragt Marla nach.

„Kann man da wirklich nichts gegen tun?“ – Ja, das ist eine interessante Frage. Leider haben die drei Kinder im Moment noch keine Antwort darauf. Habt ihr Ideen? Setzt euch in 2er- und 3er-Gruppen zusammen und überlegt euch Antworten auf die folgenden Fragen:

- **Kann nichts gegen die Entscheidung, den Spielplatz durch Wohnungen zu ersetzen, getan werden?**
- **Wer könnte etwas dagegen unternehmen?**
- **Wie könnte sich gewehrt werden?**

Stellt euch vor, die Kinder möchten gemeinsam gegen die Beseitigung des Spielplatzes demonstrieren. Was würdet ihr auf die Plakate schreiben? Schreibt in die drei Felder unten, nutzt für jeden Spruch aber nicht mehr als fünf Wörter! Recherchiert anschließend, welche Regeln für Demonstrationen beachtet werden müssen. Sprecht in der Klasse darüber.

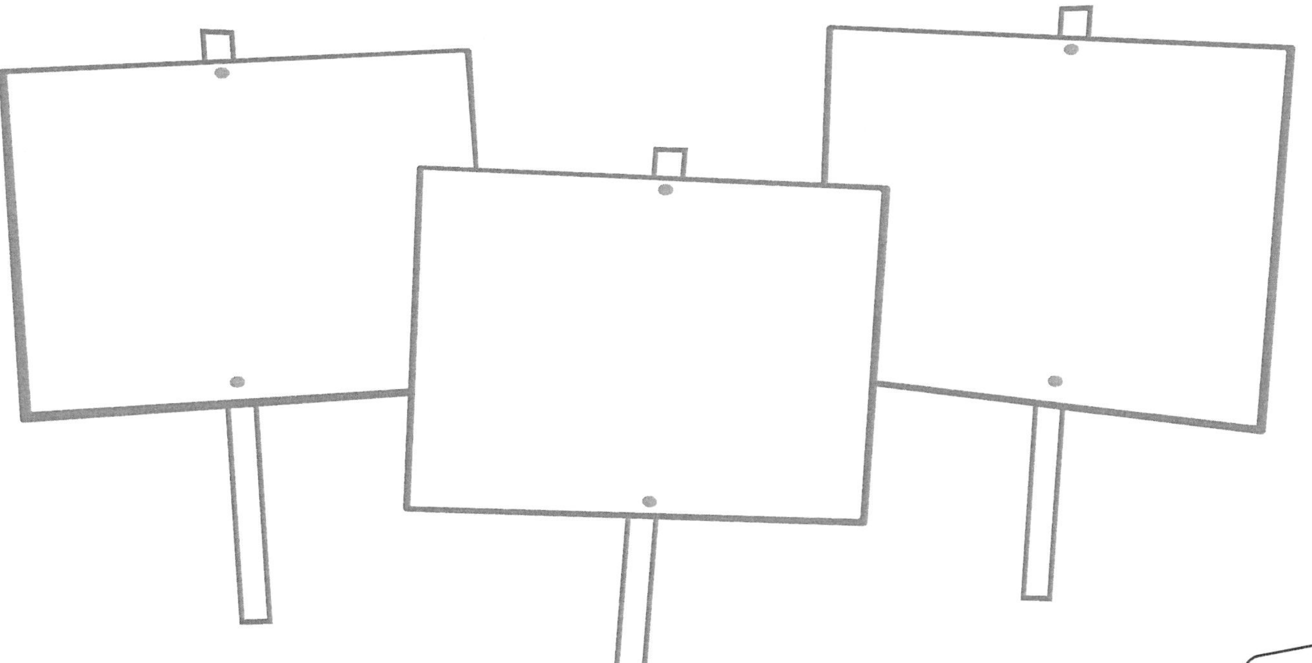

Wahlen in der Stadt (1)

Lies den Infotext und unterstreiche wichtige Informationen.

Das musst du wissen!

In einer Stadt werden bestimmte Entscheidungen von den Menschen selbst getroffen. Man nennt das **Selbstverwaltung.** Das bedeutet, dass in der Stadt selbst bestimmt werden kann, ob zum Beispiel ein Kindergarten gebaut und wo ein Spielplatz errichtet werden soll.

Nun treffen nicht alle Menschen, die in einer Stadt leben, diese Entscheidungen direkt. Das wäre auch sehr schwierig, wenn immer alle Menschen der Stadt befragt werden müssten. In jeder Stadt gibt es dafür Vertreter, die von den Bürgern der Stadt gewählt werden. Solche Wahlen nennt man **Kommunalwahlen.** Dabei dürfen in vielen Bundesländern auch schon Jugendliche ab 16 Jahren wählen. Außerdem dürfen alle Menschen mit einer EU-Staatsangehörigkeit und Wohnsitz in der Kommune wählen gehen. Sie müssen also keine deutsche Staatsangehörigkeit haben. Kommunalwahlen werden – je nach Bundesland – alle vier, fünf oder sechs Jahre abgehalten.

Die gewählten Vertreter kommen im **Stadtrat** zusammen und beraten über Dinge wie zum Beispiel den Abriss eines Spielplatzes, den Bau eines Kindergartens oder einer Schule. Sie treffen schließlich auch die Entscheidung, was getan werden soll. Es wird das getan, was die Mehrheit will. Sitzen zum Beispiel 15 Personen im Stadtrat, beträgt die Mehrheit acht. **Das heißt:** Wenn acht Menschen für den Abriss des Spielplatzes stimmen, hat die Mehrheit so entschieden. Das ist eine **demokratische Entscheidung.** Man nennt eine solche Entscheidung **Ratsbeschluss.**

1. **Erkläre mit deinen Worten den Begriff Selbstverwaltungsrecht.**
2. **Von wem werden in einer Stadt die wichtigen Entscheidungen getroffen? Wovon ist es abhängig, was schließlich getan wird?**
3. **Lies die Aussagen auf der nächsten Seite. Welche stimmen, welche stimmen nicht? Kreise den jeweiligen Buchstaben ein. Von oben nach unten ergibt sich ein Lösungswort. Schreibe es auf.**

Wahlen in der Stadt (2)

	stimmt	stimmt nicht
Auch in Städten finden Wahlen statt.	K	S
Eine Wahl in einer Stadt oder einer Gemeinde nennt man Kommunalwahl.	O	A
Der Stadtrat ist die Volksvertretung für die gesamte Bundesrepublik Deutschland.	B	M
Im Stadtrat werden nur Entscheidungen beschlossen, wenn sich alle Vertreter einig sind.	S	M
In einigen Bundesländern darf schon ab 16 Jahren gewählt werden.	U	I
Nur mit deutscher Staatsbürgerschaft darf an der Kommunalwahl teilgenommen werden.	T	N
Eine Kommunalwahl findet alle zehn Jahre statt.	O	E

Lösungswort: ___ ___ ___ ___ ___ ___ ___

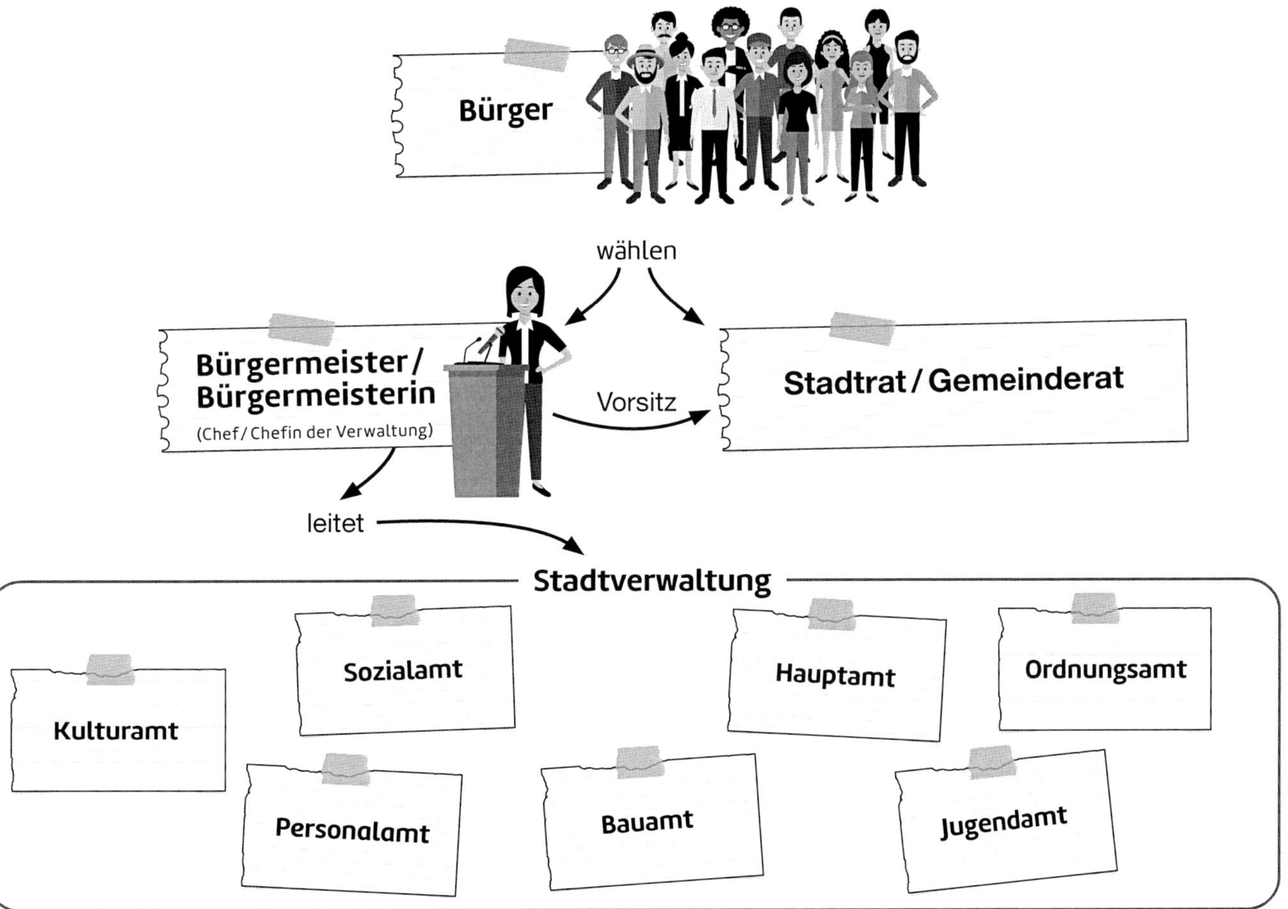

Wer wird unser Bürgermeister / unsere Bürgermeisterin?

Lies den Infotext und unterstreiche wichtige Informationen.

Das musst du wissen!

Zu den Kommunalwahlen zählt auch die Wahl zum Bürgermeister bzw. zur Bürgermeisterin. Der Bürgermeister oder die Bürgermeisterin leitet die Ratssitzungen und ist zugleich Chef der Stadtverwaltung. Die Stadtverwaltung sorgt dafür, dass die im Stadtrat beschlossenen Entscheidungen auch umgesetzt werden. Deswegen sitzen in der Stadtverwaltung Fachleute, die zum Beispiel genau wissen, wie ein Wohnhaus gebaut werden kann. Sie prüfen die Bauunterlagen und erteilen eine Baugenehmigung.

Schaue dir nun das Schaubild „Aufbau einer Stadtverwaltung" an. Suche dir zwei der vorgestellten Ämter aus und informiere dich darüber, welche Aufgaben dort erledigt werden müssen.
Notiere in wenigen Sätzen und stelle deine Ergebnisse anschließend einem Partner vor.

In einer Stadt mit 12 000 Einwohnern soll der Bürgermeister oder die Bürgermeisterin gewählt werden. Überall hängen Fotos von den Menschen, die gewählt werden möchten. Es sind zwei Männer und eine Frau. Neben ihrem Foto ist ein Wahlslogan auf das Plakat gedruckt.

1. **Gestaltet die drei Wahlplakate mit den untenstehenden Sprüchen:**
   - **Hanna Neumann: Plakat mit dem Slogan „Für mehr Umweltschutz!"**
   - **Jan-Ullrich Richter: Plakat mit dem Slogan „Mehr Wirtschaftsbetriebe!"**
   - **Dirk Hagemeister: Plakat mit dem Slogan „Kindergarten statt Schnellstraße!"**
2. **Besprecht die drei Slogans. Welcher Spruch gefällt euch besonders gut? Welcher nicht so gut? Begründet eure Meinung.**
3. **Stellt euch vor, ihr seid selbst Kandidat / Kandidatin. Welches Thema soll auf eurem Wahlplakat stehen? Welcher Slogan würde euch dazu einfallen? Sprecht zunächst mit einem Partnerkind und anschließend in der Klasse darüber.**

SCHLESWIG-
HOLSTEIN
KIEL
MECKLENBURG-VORPOMMERN
SCHWERIN
BREMERHAVEN
HAMBURG
BREMEN
NIEDERSACHSEN
HANNOVER
BRANDENBURG
BERLIN
PODSDAM
MAGDEBURG
SACHSEN-ANHALT
NORDRHEIN-
WESTFALEN
DÜSSELDORF
THÜRINGEN
SACHSEN
DRESDEN

Eine Reise durch Deutschland

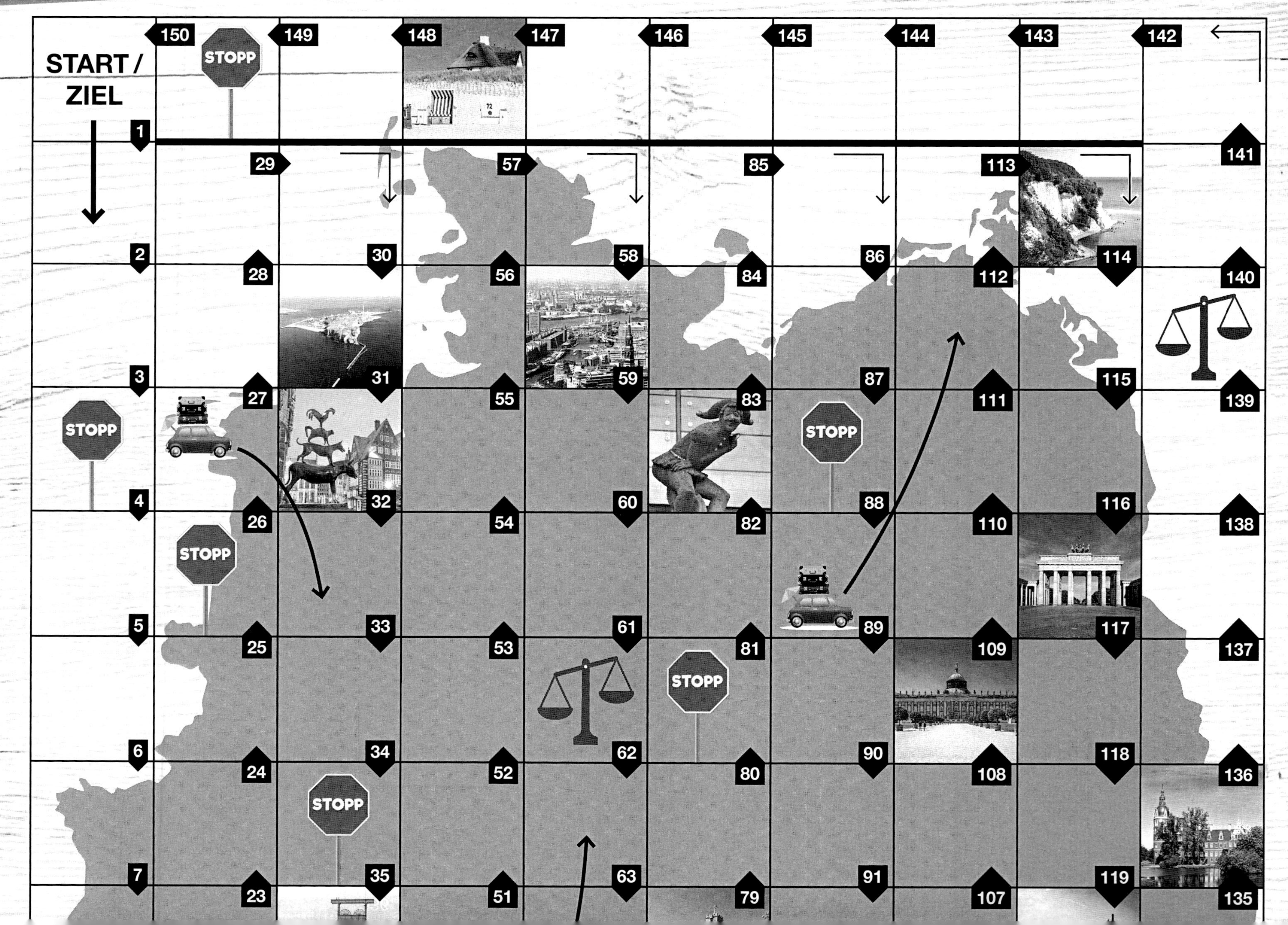

8	22	36	50	64	78	92	106	120	134
9	21	37	49	65	77	93	105	121	133
10	20	38	48	66	76	94	104	122	132
11	19	39	47	67	75	95	103	123	131
12	18	40	46	68	74	96	102	124	130
13	17	41	45	69	73	97	101	125	129
14	16	42	44	70	72	98	100	126	128
15		43		71		99		127	

STOPP

STOPP

STOPP

STOPP

STOPP

STOPP

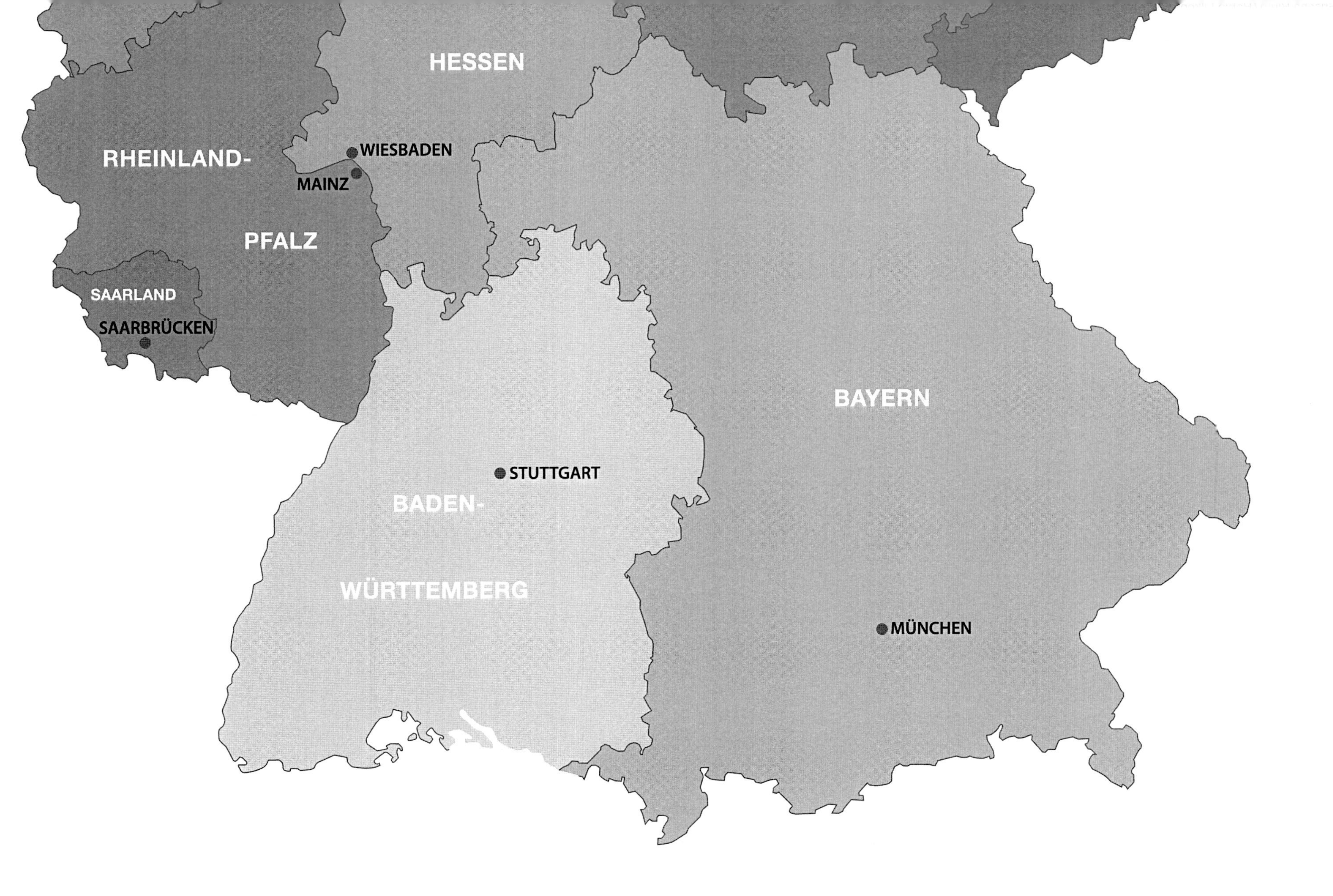
HESSEN
RHEINLAND-
PFALZ
WIESBADEN
MAINZ
SAARLAND
SAARBRÜCKEN
BAYERN
STUTTGART
BADEN-
WÜRTTEMBERG
MÜNCHEN

„Entscheidungen quer durch Deutschland" – Die Spielregeln

Wer entscheidet am klügsten?
Das Spiel „Entscheidungen quer durch Deutschland" wird in Teams, bestehend aus zwei bis vier Kindern, gespielt. Maximal treten vier Teams gegeneinander an. Beim Spiel geht es darum, im Team die richtigen Entscheidungen zu treffen und so schnellstmöglich durch Deutschland zu reisen. Der Start ist auch das Ziel. Gewonnen hat das Team, das zuerst das Ziel erreicht. Das Ziel kann nur mit der genauen Würfelzahl erreicht werden.
Ihr braucht: den Spielplan, einen Würfel und für jedes Team eine Spielfigur.

So wird gespielt
Es wird im Uhrzeigersinn gewürfelt. Das Team mit dem jüngsten Spieler beginnt. Die Spielfigur wird um so viele Felder vorgerückt, wie der Würfel Augen zeigt.

Besondere Felder

1. Felder mit einem Stopp-Schild: einmal mit dem Würfeln aussetzen

2. Felder mit einem Auto: der Linie zu einem weiteren Feld folgen

3. Fotofelder: drei Felder vorrücken

4. Felder mit einer Waage: Entscheidungsfelder, bei denen das Team die Wahl zwischen verschiedenen Möglichkeiten hat. Die Entscheidungssituation ist abhängig von der gewürfelten Zahl, mit der das Team das Entscheidungsfeld erreicht hat.

- **Auf Entscheidungsfeld – gewürfelt mit einer 1:** Was für eine Chance! Ihr habt die Möglichkeit, mit dem erstplatzierten Team zu tauschen, müsst dafür aber in den nächsten beiden Runden aussetzen. Ja oder nein?
- **Auf Entscheidungsfeld – gewürfelt mit einer 2:** Doppelte Chance! Ihr dürft direkt nochmal würfeln. *Aber Vorsicht:* Würfelt ihr eine eins oder eine sechs, müsst ihr sofort zurück zum Start. Wagt ihr es?
- **Auf Entscheidungsfeld – gewürfelt mit einer 3:** Autsch! Ihr müsst einen Gegner bestimmen, der beim nächsten Zug zweimal hintereinander würfeln darf. Wen wählt ihr aus?
- **Auf Entscheidungsfeld – gewürfelt mit einer 4:** Nur Platz für ein Team! Ab sofort darf ein Feld nur noch von einem Team besetzt werden. Was passiert, wenn sich zwei Teams auf einem Feld befinden? Wählt eine Alternative!
  a) Das Team, das vorher da war, muss zurück zum Start.
  b) Das Team, das neu hinzukommt, muss zurück zum Start.
  c) Beide Teams rücken vor. Das Team, das vorher schon da war, um sechs Felder, das neue Team um fünf Felder.
- **Auf Entscheidungsfeld – gewürfelt mit einer 5:** Miesepeter! Ihr dürft ein gegnerisches Team auf das nächstgelegene Fotofeld zurücksetzen. Welches Team wählt ihr?
- **Auf Entscheidungsfeld – gewürfelt mit einer 6:** Neue Spielregeln! Ihr müsst einen Teil der Spielregeln ändern. Wählt aus folgenden drei Möglichkeiten:
  a) Auch Fotofelder bedeuten ab sofort einmal aussetzen.
  b) Wer eine 6 würfelt, ist nochmal dran.
  c) Wer eine ungerade Zahl würfelt, muss stehen bleiben.

Das Wahlrecht in Deutschland (1)

1. **Die Abbildungen unten zeigen zwei Möglichkeiten, wie Menschen in einem Staat an die Macht kommen oder Macht ausüben. Formuliert jeweils eine passende Bildunterschrift.**
2. **Gibt es noch andere Möglichkeiten, in einem Staat an die Macht zu kommen? Welche sind das? Beschreibe sie kurz. Du kannst auch etwas dazu zeichnen.**
3. **Lies den Infotext und unterstreiche wichtige Informationen zum Wahlrecht in Deutschland. Überlegt einmal zusammen, warum Wahlen und das Wahlrecht so wichtig sind für eine Demokratie wie die der Bundesrepublik Deutschland.**

Das musst du wissen!

Deutschland ist ein **demokratischer Staat.** Das bedeutet, dass das Volk bestimmt. Nur können natürlich nicht alle Dinge von allen Menschen gleichzeitig diskutiert und entschieden werden. Da würde es viel zu lange dauern, bis Entscheidungen getroffen sind. Deshalb wird das Volk durch sogenannte **Abgeordnete** vertreten. Das sind Männer und Frauen, die in einem **Parlament** sitzen. Der Begriff „Parlament" kommt vom französischen Wort „parler" und bedeutet übersetzt „reden". Demnach besprechen die Abgeordneten im Parlament wichtige Fragen und Probleme. Am Ende der Besprechungen entscheiden sie und stimmen über Gesetze ab.
Für die Wahlen in Deutschland gelten die **demokratischen Wahlgrundsätze:** Wahlen müssen allgemein, unmittelbar, frei, gleich und geheim sein.
Das sind die fünf Bestimmungen, die du schon bei der Klassensprecherwahl kennengelernt hast.

Das Wahlrecht in Deutschland (2)

Wahlen und Mitbestimmung in Deutschland

1. **Stellt euch vor, in unserem Staat würde eine Person an die Macht kommen, die alles ganz toll regelt. Und diese Person würde dann sagen: „Da ich alles so toll mache und so gute Entscheidungen treffe, schaffen wir die Wahlen ab!"**
   Besprecht diesen Vorschlag in der  **Gruppe:**
   Was würde dafür sprechen, was dagegen?
   Was meint ihr: Wäre eine solche Regelung demokratisch?
2. **Unten sind Ereignisse beschrieben, die gegen die Grundsätze einer demokratischen Wahl verstoßen. Besprecht diese Ereignisse und überlegt gemeinsam, gegen welchen Grundsatz jeweils verstoßen wird.**
   Tipp: Im Kasten unten findest du noch einmal alle fünf Grundsätze.

a) Weil der Fabrikbesitzer F. viel mehr Steuern zahlt als alle anderen Bürger der Stadt, zählt seine Stimme bei der Wahl doppelt.

Verstoß gegen: ______________________________

b) Nur wer mindestens eine „3" im Fach Sachkunde auf dem Abschlusszeugnis hatte, ist zur Wahl zugelassen.

Verstoß gegen: ______________________________

c) Der Handwerksmeister K. verspricht seinen Mitarbeitern mehr Lohn, wenn sie seine Lieblingspartei wählen.

Verstoß gegen: ______________________________

d) Herr Meiers Nachbar, Herr Hartmann, ist während der Wahl in Urlaub. Herr Meier soll im Wahllokal stellvertretend die Stimme für Herrn Hartmann abgeben.

Verstoß gegen: ______________________________

e) Frau Jansen hat ihren Stimmzettel ausgefüllt und verlässt die Wahlkabine. Draußen drängen die Wähler Schmitz und Neumann sie dazu, ihre Wahl laut bekanntzugeben.

Verstoß gegen: ______________________________

allgemein – unmittelbar – frei – gleich – geheim

Unterwegs in den Bundesländern! (1)

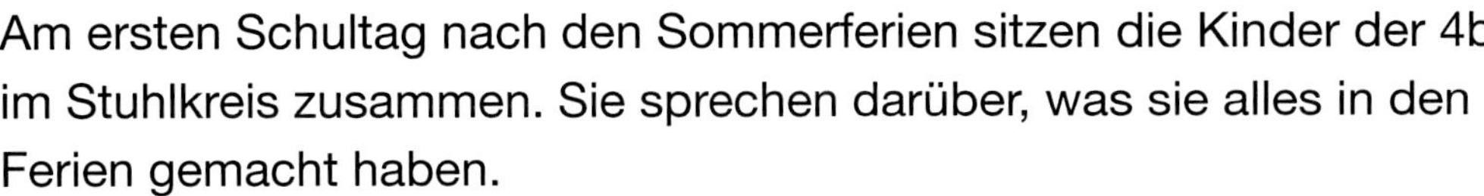

Am ersten Schultag nach den Sommerferien sitzen die Kinder der 4b im Stuhlkreis zusammen. Sie sprechen darüber, was sie alles in den Ferien gemacht haben.

„Wir sind an die Ostsee gefahren. Das war toll. Wir waren jeden Tag am Strand“, erzählt Luca.

Emily sagt: „Wir waren in Bayern, in den Bergen. Einmal haben wir sogar eine Hüttenwanderung mit Übernachtung gemacht. Das war total aufregend.“

„Wir waren fast jeden Tag im Freibad“, berichtet Jonas.

Weitere Schüler berichten von ihren Ferienerlebnissen, egal ob zu Hause, in der Ferienfreizeit oder im Urlaub mit der Familie.

„Das ist ja toll, was ihr alles erlebt habt“, meint die Lehrerin Frau Müller zum Schluss des Stuhlkreises. „Und nun freut ihr euch bestimmt wieder auf die Schule!“

„Na ja, eigentlich schon“, sagt Murat, „hier trifft man wieder alle seine Freunde.“

„Und ihr lernt auch wieder viele tolle Sachen!“, ist sich die Lehrerin sicher. „Wisst ihr noch, wovon Emily vorhin erzählt hat?“

„Ja klar, von den Bergen und der Übernachtung in der Hütte“, antwortet Christina.

„Richtig!“, sagt die Lehrerin. „Und wisst ihr auch noch, wo diese Berge sind?“

Erst einmal Schweigen in der Klasse. Dann meldet sich Max und meint verschmitzt: „Bayern München.“ Max spielt Fußball und Bayern München ist sein Lieblingsverein.

„Wenn du das Wort München weglässt, stimmt deine Antwort“, meint Frau Müller. „Obwohl München auch in Bayern liegt. Es ist die Hauptstadt von Bayern.“

„Sehen Sie, hatte ich doch recht, legt Max nach.“

„Emily war in Bayern. Und Bayern ist nicht nur eine Landschaft, sondern es ist auch ein Bundesland.“

„Ja, das weiß ich. Daneben liegt Baden-Württemberg. Und wir wohnen in Nordrhein-Westfalen“, wirft Emily ein.

„Richtig. Wir wohnen im Bundesland Nordrhein-Westfalen“, erklärt die Lehrerin. „Kennt ihr denn noch mehr Bundesländer?“, will Frau Müller nun von den Kindern wissen.

Murat meldet sich: „Wir haben vorher in Niedersachsen gewohnt. Das ist doch auch ein Bundesland, oder?“

„Genau, Niedersachsen ist auch ein Bundesland. Und es gibt noch viele weitere“, erklärt Frau Müller. Sie zeigt den Kindern eine Deutschlandkarte. „Alle diese Bundesländer bilden gemeinsam unsere Bundesrepublik. Dabei ist jedes Bundesland natürlich anders. Und deswegen werden auch viele Entscheidungen in dem jeweiligen Bundesland getroffen.“

„Wow“, staunt Emily. „Ich wusste gar nicht, dass es so viele sind und dass sie auch für sich selbst entscheiden können. Manche Namen habe ich auch noch nie gehört.“

BVK • Grischa Blum / Robin Filkens / Hans-Jürgen van der Gieth: Unsere Stimme, unsere Wahl

Unterwegs in den Bundesländern (2)

1. Welche Bundesländer kennst du? Lies den Text nochmal langsam und markiere alle Bundesländer, die dort genannt werden (Tipp: Es sind insgesamt vier). Schreibe sie auf ein Blatt und ergänze die Liste um weitere Bundesländer, die dir einfallen. Schaue dir danach die Deutschlandkarte mit allen 16 Bundesländern und den zugehörigen Hauptstädten an. Zu den 16 Bundesländern zählen auch drei sogenannte Stadtstaaten.
2. Arbeitet zu zweit. Schaut euch die Deutschlandkarte noch einmal genau an und entscheidet euch für ein Bundesland, über das ihr mehr wissen wollt. Es darf nicht das Bundesland sein, in dem ihr wohnt. Recherchiert in Büchern oder im Internet und fertigt danach einen Steckbrief an, in dem die folgenden Informationen enthalten sind:
   ➡ Name des Bundeslandes ➡ Landeshauptstadt ➡ Einwohnerzahl ➡ Größe
   ➡ Besonderheiten, z. B. Sehenswürdigkeiten, Natur, Tiere, Sport
   Ihr könnt zu dem Bundesland auch etwas zeichnen oder einen passenden Slogan hinzufügen. Gemeinsam könnt ihr danach einen Steckbrief für euer heimisches Bundesland anfertigen.
3. Überlegt einmal zusammen: Über was könnte in meinem Bundesland alles entschieden werden? Wie könnten die Bürger in meinem Bundesland mitbestimmen? Welche speziellen Herausforderungen und Probleme könnte es bei Entscheidungen geben?

Name des Bundeslandes

Landeshauptstadt

Einwohnerzahl

Größe

Besonderheiten

Foto oder Zeichnung, evtl. Wappen

Slogan

Die Landtagswahlen (1)

Lies den Infotext zu den Landtagswahlen und unterstreiche wichtige Informationen.

Das musst du wissen!

Die Bundesrepublik Deutschland ist ein **Bundesstaat.** Das bedeutet, dass unser Land aus mehreren Bundesländern besteht, und zwar aus insgesamt 16. In diesen **16 Bundesländern** werden ganz bestimmte Dinge geregelt, die nicht vom Bund bestimmt werden. Zu den Aufgaben eines Bundeslandes gehört zum Beispiel die Bildungspolitik. Das heißt zum Beispiel, dass die Bundesländer regeln, was in den einzelnen Schulen gelehrt wird. Neben dem Bereich Bildung gibt es auch eine Landespolizei, es gibt Landesstraßen, Landeskrankenhäuser und Landgerichte. Das sind alles Einrichtungen, die von dem jeweiligen Bundesland gesteuert werden.

Alle deutschen Staatsbürger und Staatsbürgerinnen ab 18 Jahren (in manchen Bundesländern ab 16 Jahren) haben durch das Wahlrecht direkten Einfluss auf die Politik in dem Bundesland, in dem sie leben. Dafür gibt es in allen Bundesländern **Landtagswahlen,** die in der Regel alle fünf Jahre stattfinden. Durch die Wahl werden **Abgeordnete** bestimmt, die die Bürger und Bürgerinnen zukünftig im Landtag vertreten und dort Fragen, Probleme und Gesetze besprechen. Ein Thema im Landtag – wie du schon weißt – kann zum Beispiel sein, was zukünftig in der Schule gelehrt werden soll.

Aus der Landtagswahl ergibt sich auch die Landesregierung, die für die Umsetzung der Entscheidungen zuständig ist. An der Spitze der Landesregierung steht der Ministerpräsident bzw. die Ministerpräsidentin.

Die Abgeordneten des Landtages wählen den Ministerpräsidenten oder die Ministerpräsidentin. Er oder sie bestimmt die Minister und Ministerinnen. Zusammen bilden sie die Landesregierung.

In den Stadtstaaten heißt das Parlament anders, zum Beispiel in Hamburg ist es die Hamburgische Bürgerschaft, die Landesregierung heißt Senat und ihr Chef ist der Erste Bürgermeister.

1. **Was bedeutet der Satz „Die Bundesrepublik Deutschland ist ein Bundesstaat.“? Überlegt in Partnerarbeit.**
2. **Recherchiere im Internet:**
   - **Was sind die wesentlichen Aufgaben eines Landtags?**
   - **Wann waren die letzten Landtagswahlen in deinem Bundesland?**
   - **Aus welchen Parteien setzt sich das aktuelle Landesparlament in deinem Bundesland zusammen? Wer hat wie viele Sitze?**
   - **Welche Parteien stellen die Landesregierung und wer ist aktueller Regierungschef bzw. aktuelle Regierungschefin in deinem Bundesland?**

   Trage deine Ergebnisse auf Arbeitsblatt (2) ein.

Die Landtagswahlen (2)

Aufgaben eines Landtags:

____

____

____

____

____

____

____

____

____

____

____

____

____

Aktuelles Landesparlament in ______________________

➡ zuletzt gewählt am: ______________________

➡ besteht aus folgenden Parteien: ______________________

➡ Sitzverteilung:

➡ Landesregierung bestehend aus ______________________

➡ Regierungschef / Regierungschefin: ______________________

Was in der Schule wann gelehrt wird, liegt hauptsächlich in den Händen der Bundesländer. Recherchiere mit Hilfe von Büchern oder im Internet: Welche Besonderheiten gibt es in deinem Bundesland bei Bildung und Schule? Was sind die größten Unterschiede im Vergleich zu den anderen Bundesländern? Was müsst ihr lernen, was in anderen Bundesländern nicht gelehrt wird?

Ein neues Gesetz (1)

1. Lies die Texte.

„Der Bundestag hat ein Gesetz beschlossen, nach dem es leichter ist, sogenannte Balkonkraftwerke zu bauen. Bisher mussten zum Beispiel die Eigentümer eines Hauses damit einverstanden sein, dass ihre Mieter ein Balkonkraftwerk bauen. Das ist nun nicht mehr nötig. Nur wenn ganz wichtige Gründe vorliegen, kann ein Hauseigentümer das verbieten."

Was sind denn überhaupt Balkonkraftwerke?

Das sind Mini-Solaranlagen, die man zum Beispiel auf dem Balkon installieren kann. Natürlich können sie auch an anderen geeigneten Stellen aufgebaut werden, zum Beispiel auf einer Terrasse oder auf einer Garage. Man nennt diese Anlagen auch Steckersolargeräte. Sie werden über die Steckdose mit dem Stromnetz des Haushalts verbunden. Eine Mini-Solaranlage senkt den Stromverbrauch.
So fällt auch die Stromrechnung geringer aus. Der überschüssige Strom, der mit einer solchen Anlage produziert wird, fließt ins öffentliche Stromnetz.

Ein neues Gesetz (2)

2. Fasse in maximal fünf Sätzen zusammen:
   Was sind Balkonkraftwerke und welche Vorteile haben sie?

____

____

____

____

____

____

3. Das Gesetz für die Balkonkraftwerke wurde für die Bundesrepublik Deutschland beschlossen und nicht nur für einzelne Bundesländer. Kannst du dir vorstellen, warum? Fallen dir weitere Gesetze, Probleme und Entscheidungen ein, die ganz Deutschland und damit alle 16 Bundesländer gleichermaßen betreffen könnten?
   Arbeite zunächst mit einem Partnerkind zusammen und macht euch Notizen.
   Tauscht euch anschließend in der Gruppe darüber aus.

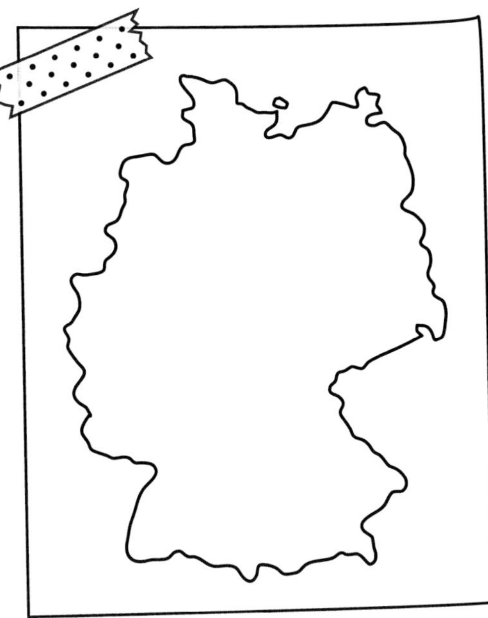

4. Findest du es richtig, dass ein Thema wie die Balkonkraftwerke durch ein Gesetz geregelt wird? Oder sollte nicht jeder Bürger alles dazu selbst entscheiden? Welche Meinung hast du?
   Sprecht in der Klasse darüber.

Die Bundestagswahl (1)

1. Nicht nur in den Städten und Bundesländern wird gewählt. Natürlich gibt es auch eine Wahl, in der die Vertreter der gesamten Bundesrepublik Deutschland bestimmt werden: die Bundestagswahl. Was weißt du schon über sie? Was kannst du vielleicht aus den Wahlen, die du schon kennengelernt hast, ableiten? Lies den Text und trage die fehlenden Wörter an der richtigen Stelle ein. Die Wörter im Kasten helfen dir dabei!

Bundestagswahl – Abgeordnete – Entscheidungen – geheim – Wahlgrundsätze – Staatsbürgerschaft – Deutschland – Parlament

Alle vier Jahre findet die ______________________ statt. Dabei dürfen alle Menschen mitmachen, die mindestens 18 Jahre alt sind und die deutsche

______________________ besitzen. Wie bei den anderen Wahlen müssen

auch bei der Bundestagswahl die fünf ______________________ eingehalten werden. Das bedeutet, dass die Wahl allgemein, frei, unmittelbar, gleich und

______________________ sein muss. Durch die Wahl haben die Bürger indirekt einen

Einfluss auf die politischen ______________________ und die Gesetzgebung. Sie bestimmen nämlich, wer zukünftig ihre Interessen im Bundestag vertreten soll.

Der Bundestag wird auch als das deutsche ______________________ bezeichnet

und ist somit die Volksvertretung der Bundesrepublik ______________________. Hier sitzen Frauen und Männer, die das Volk gewählt hat, und die nun über Gesetze beraten und wichtige Fragen und Probleme behandeln. Man nennt sie auch

Bundestags-______________________ .

2. Lies den vollständigen Text noch einmal. Kannst du zwei Gemeinsamkeiten von Landtagswahlen und Bundestagswahlen nennen? Arbeite mit einem Partner zusammen.
Zusatzfrage: Erkennt ihr auch die Unterschiede zwischen einer Landtagswahl und einer Bundestagswahl?

3. Lies nun den Infotext auf Arbeitsblatt (2) und unterstreiche wichtige Informationen.

Die Bundestagswahl (2)

Das musst du wissen!

Bei einer Bundestagswahl geben die Menschen **zwei Stimmen** ab. Mit der **Erststimme** wird ein Abgeordneter aus dem eigenen Wahlkreis gewählt. Dadurch kann ein Vertreter direkt in den Bundestag hineinkommen. Mit der **Zweitstimme** wird eine Partei gewählt. Die Zweitstimme gilt generell als die wichtigere Stimme, weil sie darüber entscheidet, mit wie vielen Abgeordneten eine Partei im Bundestag vertreten sein wird. Je mehr Abgeordnete einer Partei im Bundestag sind, desto mächtiger ist sie. Warum? Weil im Bundestag natürlich immer viel diskutiert und beschlossen werden muss, etwa über Steuergesetze, Umweltgesetze oder Verkehrsgesetze. Dabei entscheidet die Mehrheit der Abgeordneten. Bei manchen Gesetzen reicht die sogenannte „einfache Mehrheit". Das heißt: die Mehrheit der abgegebenen gültigen Stimmen. Bei besonders wichtigen Gesetzen ist die so genannte absolute Mehrheit erforderlich. Das bedeutet: Mindestens eine Stimme über der Hälfte aller Abgeordneten. Wer also besonders viele Abgeordnete im Bundestag hat, kann sich stärker durchsetzen.

1. **Was ist die Bundesregierung, was ist die Opposition? Welche Aufgaben haben sie? Schreibe auf. Erstelle dafür eine Tabelle.**
2. **Es gibt noch weitere wichtige Verfassungsorgane der Bundesrepublik Deutschland." Schaue dir dafür das Schaubild auf Arbeitsblatt (3) an. Schreibe alle Organe auf, die du in den Texten bisher noch nicht kennengelernt hast. Suche dir eins dieser Organe aus und informiere dich gemeinsam mit einem Partner über die Aufgaben, die dort erledigt werden. Tragt eure Ergebnisse anschließend in der Klasse zusammen.**
3. **Recherchiere im Internet und trage ein:**

Wo befindet sich der Deutsche Bundestag? ______________________

Wann wurde der Bundestag zuletzt gewählt? ______________________

Welche Parteien bilden die aktuelle Bundesregierung? ______________________

Welche Parteien bilden die aktuelle Opposition? ______________________

Verfassungsorgane der Bundesrepublik Deutschland

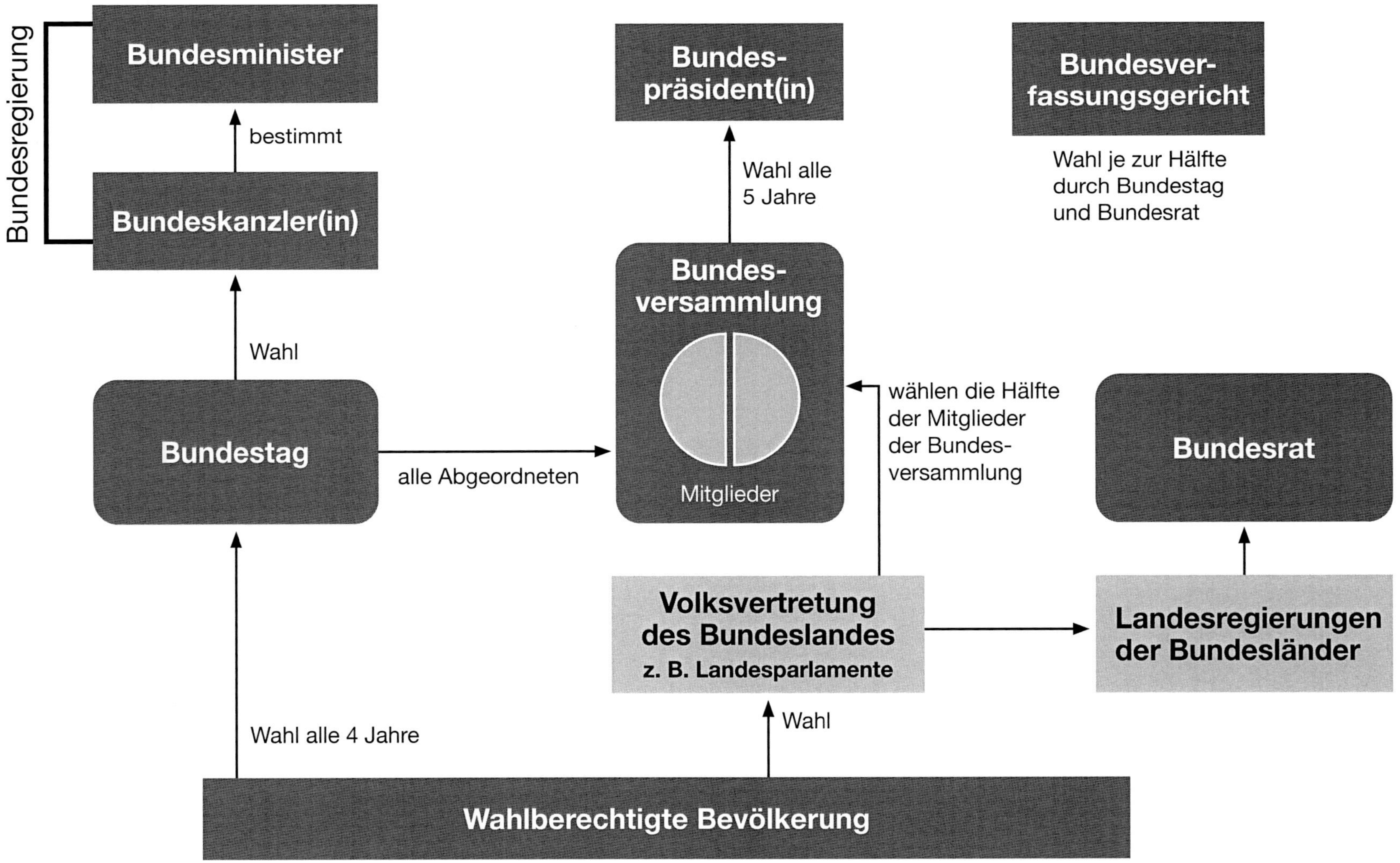

Bundesregierung
Bundesminister
bestimmt
Bundeskanzler(in)
Wahl
Bundestag
alle Abgeordneten
Bundes-
präsident(in)
Wahl alle
5 Jahre
Bundes-
versammlung
Mitglieder
Bundesver-
fassungsgericht
Wahl je zur Hälfte
durch Bundestag
und Bundesrat
wählen die Hälfte
der Mitglieder
der Bundes-
versammlung
Bundesrat
Volksvertretung
des Bundeslandes
z. B. Landesparlamente
Landesregierungen
der Bundesländer
Wahl alle 4 Jahre
Wahl
Wahlberechtigte Bevölkerung

Wahlen in anderen Ländern

Themen (Vertiefung)

Politische Wahlen gibt es in vielen Ländern der Welt. Dabei gelten für sie unterschiedliche Regeln. Es werden Abgeordnete gewählt, die dann das Volk vertreten. Weil diese Abgeordneten in einem Parlament sitzen, nennt man die Regierungsform in einem solchen Staat **parlamentarisches Regierungssystem.** Neben Deutschland gibt es das parlamentarische Regierungssystem in vielen weiteren Ländern, zum Beispiel in den Niederlanden, in Belgien, Dänemark, Italien, Australien, Japan und Jamaika.
In manchen Ländern wählen die Menschen auch direkt einen **Präsidenten,** der oft sehr viel zu bestimmen hat und unabhängig vom Parlament arbeiten kann. Hierzu gehört zum Beispiel die USA. Auch in vielen afrikanischen Staaten gibt es diese Form, die man auch als **präsidentielles Regierungssystem** bezeichnet.
Leider können die Menschen ihre Stimme nicht in allen Ländern frei abgeben. In manchen Ländern gibt es zum Beispiel nur eine Partei, die zur Wahl steht. Oder die Menschen werden zur Wahl gezwungen. Hier werden die Wahlgrundsätze missachtet. Außerdem gibt es immer noch Länder, in denen es keine Wahlen gibt.

Wähle einen Staat, mit dem du dich näher beschäftigen möchtest. Informiere dich darüber, nach welchen Regeln dort gewählt wird. Trage in den Steckbrief ein, was du über den Staat und das dortige Wahlrecht herausgefunden hast. Stelle dein Ergebnis vor.

Name des Staates ______________________

Einwohnerzahl ______________________

Größe ______________________

Hauptstadt ______________________

Regierungsform ______________________

Wahlrecht ______________________

Besonderheiten ______________________

Frauenwahlrecht

Themen (Vertiefung)

Heute ist Bundestagswahl. Der Vater und der Opa von Mira gehen zum Wahllokal und geben dort ihre Stimmen ab. Die Mutter und die Oma gehen nicht mit, denn sie dürfen nicht wählen. Auch die Tante darf das nicht. Und wenn Mira schon 18 Jahre alt wäre, dürfte sie auch nicht wählen. Ihr neunzehnjähriger Bruder schon.
Kannst du dir das vorstellen: Frauen haben kein Wahlrecht in Deutschland? Wahrscheinlich nicht. In Deutschland gilt das Wahlrecht für Männer und Frauen. Frauen dürfen selbstverständlich auch wählen.
Doch so war das nicht immer. Erst im Jahre 1919 wurde in Deutschland das Frauenwahlrecht eingeführt.

1. **Überlegt, was es bedeuten würde, wenn Frauen in Deutschland auch heute nicht wählen dürften.**
   Sprecht darüber in Kleingruppen.
2. **Informiert euch darüber, ob in allen Staaten auf der Welt Frauen wählen dürfen. Berichtet in der Klasse von euren Recherchen.**

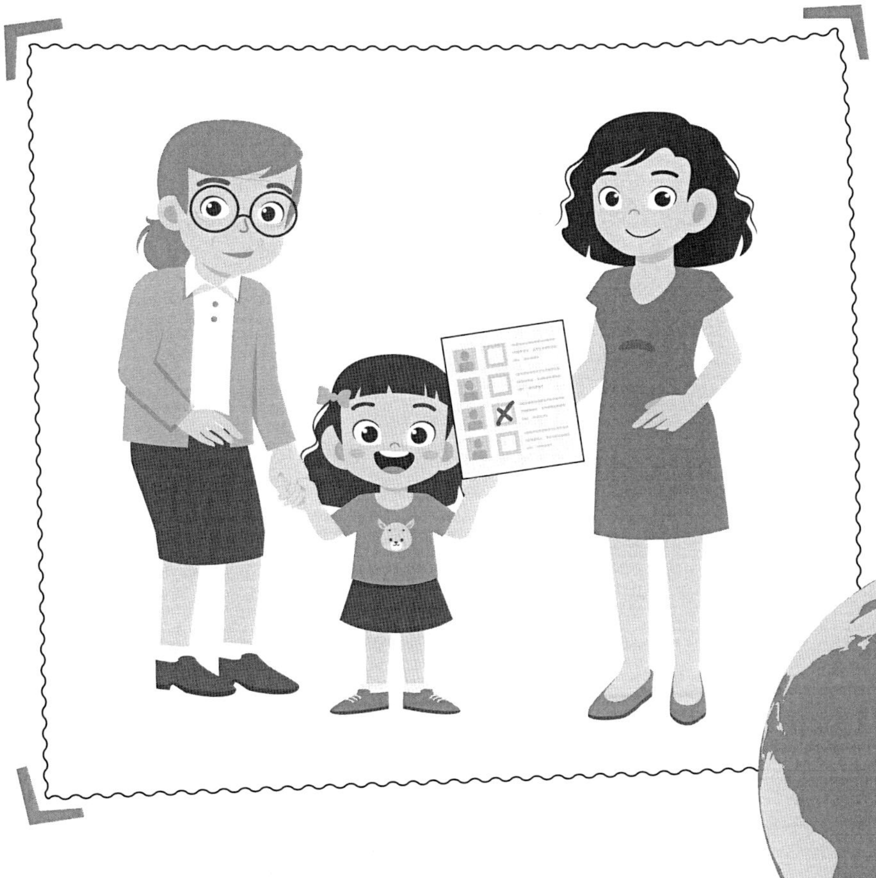

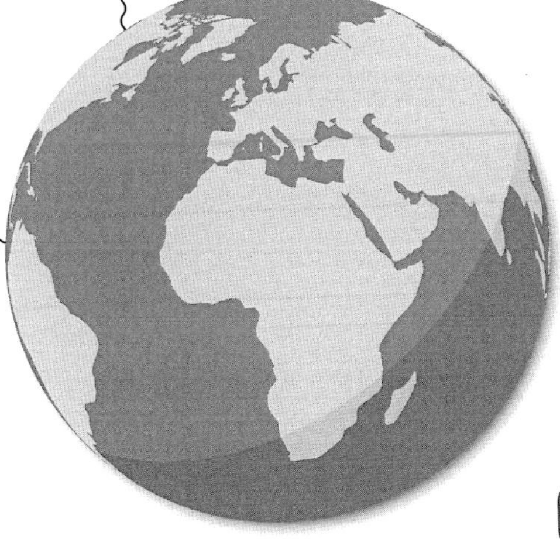

Wen soll ich eigentlich wählen? (1)

Themen (Vertiefung)

Vor einer Wahl ist es wichtig, sich gut darüber zu informieren, wer die wohl „beste“ Politik machen, wer die eigenen Interessen am besten vertreten würde. Eine gute Hilfe dabei ist der Wahl-O-Mat®. Dort werden Aussagen vorgestellt.
Man muss sich entscheiden, ob man ihnen zustimmt oder nicht.
Die Antworten werden dann mit den Programmen der verschiedenen Parteien verglichen.
So sieht man am Ende, welche Partei sich für die eigenen Wünsche und Bedürfnisse einsetzen würde.

Probiere den Wahl-O-Mat® einmal aus. Wie würdest du dich bei diesen typischen Fragen entscheiden? ⊠ Kreuze an.

Meinung 1:
Auf den Autobahnen soll es ein generell gültiges Tempolimit geben.

◯ stimme zu ◯ neutral ◯ stimme nicht zu

Meinung 2:
Typische Familien aus Vater, Mutter und Kindern sollen mehr Förderungen erhalten als andere Familienzusammensetzungen (z. B. zwei Frauen als Eltern).

◯ stimme zu ◯ neutral ◯ stimme nicht zu

Meinung 3:
Lehrerinnen sollen ein Kopftuch im Dienst tragen dürfen.

◯ stimme zu ◯ neutral ◯ stimme nicht zu

Meinung 4:
Reiche sollen mehr Steuern zahlen.

◯ stimme zu ◯ neutral ◯ stimme nicht zu

Wen soll ich eigentlich wählen (2)

Meinung 5:
In Deutschland sollen Wölfe geschossen werden dürfen.

○ stimme zu ○ neutral ○ stimme nicht zu

Meinung 6:
In Deutschland soll es erlaubt sein, mehr als eine Staatsbürgerschaft zu besitzen.

○ stimme zu ○ neutral ○ stimme nicht zu

Meinung 7:
Grundsätzlich sollen alle Wahlen schon für Jugendliche ab 16 Jahren möglich sein.

○ stimme zu ○ neutral ○ stimme nicht zu

Sprecht mit einem Partnerkind über die folgenden Fragen:

- **Fielen euch die Entscheidungen eher leicht oder eher schwer?**
- **Welche der Themen interessieren euch sehr, welche weniger?**
- **Gibt es Themen, die ihr vermisst habt? Schreibt sie auf.**

Der Wahlkampf

Vor einer Wahl sieht man überall in der Umgebung Wahlplakate. Sie werben für eine bestimmte Kandidatin, einen bestimmten Kandidaten oder für eine bestimmte Partei.

Stelle dir vor, du würdest als Schulsprecher oder Schulsprecherin kandidieren. Wie würde dein Wahlplakat aussehen? Gestalte es!

Wie läuft eine Wahl ab?

Themen (Vertiefung)

Wie ist der Ablauf bei einer Wahl? Bringe die Sätze in die richtige Reihenfolge. Du erhältst ein Lösungswort.

◯	Abends wird die Wahlurne auf einem Tisch ausgeschüttet. Zunächst werden alle Stimmzettel gezählt und mit der Anzahl der Stimmabgaben abgeglichen.	F
◯	Der Wahlvorstand gleicht die Wahlberechtigung der Wählerin oder des Wählers und den Personalausweis mit dem Wählerverzeichnis ab. Außerdem vermerkt er die Stimmabgabe. Ist alles richtig, wird der Stimmzettel ausgehändigt.	H
◯	Die Auswertung der Stimmen wird durch den Wahlvorstand an die Gemeinde weitergeleitet.	R
◯	Die Wählerinnen und Wähler besuchen am Wahl-Sonntag zwischen 8 und 18 Uhr „ihr" Wahllokal.	W
◯	Anschließend faltet die Wählerin oder der Wähler den Stimmzettel wieder zusammen, damit keiner die Wahlentscheidung sehen kann.	E
◯	Der Stimmzettel wird in eine geschlossene Wahlurne gesteckt.	L
◯	Dort treffen sie auf den Wahlvorstand, der aus Wahlhelferinnen und Wahlhelfern besteht. Sie sorgen für den reibungslosen Ablauf der Wahl.	A
◯	Mit dem Stimmzettel geht die Wählerin oder der Wähler in eine Wahlkabine.	L
◯	Dort wird die oder der Wunschabgeordnete und die Wunschpartei gewählt, indem ein Kreuzchen an der entsprechenden Stelle gesetzt wird.	H
◯	Die Wahlhelferinnen und Wahlhelfer sortieren die Stimmzettel und zählen die jeweiligen Stimmen aus.	E

Lösungswort: ____ ____ ____ ____ ____ ____ ____ ____ ____ ____
1 2 3 4 5 6 7 8 9 10

1. **Recherchiere im Internet: Wie wird man Wahlhelferin oder Wahlhelfer und was sind die Aufgaben und Pflichten? Schreibe auf ein Blatt.**
2. **In ein Wahllokal zu gehen und dort seine Stimme abzugeben, ist eine Möglichkeit. Welche Wahl-Möglichkeit gibt es noch?**

____

Der Stimmzettel

1. Schaue dir den Stimmzettel genau an.
   Recherchiere im Internet deinen Wahlkreis und wann die erste Bundestagswahl ist, an der du teilnehmen kannst. Trage in den Stimmzettel ein.
2. Schreibe die wichtigsten Elemente eines Stimmzettels heraus und erkläre in wenigen Worten, was sie bedeuten.

Stimmzettel

für die Wahl zum Deutschen Bundestag

im Wahlkreis ______________________

am ______________________

Sie haben zwei Stimmen

hier 1 Stimme für die Wahl der Abgeordneten / des Abgeordneten **Erststimme**

hier 1 Stimme für die Wahl einer Landesliste (Partei) **Zweitstimme**

1	Kandidat A, Partei A			Partei A	1
2	Kandidat B, Partei B			Partei B	2
3	Kandidat C, Partei C			Partei C	3
4	Kandidat D, Partei D			Partei D	4

3. Tauscht euch über die folgenden Fragen aus:
   - Warum haben die Bürger bei dieser Wahl zwei Stimmen und nicht nur eine?
   - Ist es möglich, die Erststimme für Kandidat A aus Partei A, aber die Zweitstimme für Partei C zu setzen?
   - Kandidatin B aus Partei B erhält 70 % der Erststimmen in ihrem Wahlkreis. Was bedeutet das für sie?
   - Stell dir vor, Partei B erhält 100 % aller Zweitstimmen. Welche Folge hätte das für den Deutschen Bundestag und die Demokratie in Deutschland?

Wahl-Wörterbuch (1)

die / der Abgeordnete	Eine Person, die stellvertretend für die Bürgerinnen und Bürger entscheidet, welche Politik gemacht wird. Abgeordnete werden in ein Parlament (z. B. Stadtrat, Landtag, Bundesrat) gewählt.
die Briefwahl	Bei der Briefwahl füllt die Wählerin oder der Wähler den Stimmzettel zu Hause aus und schickt den „Brief“ mit seinem Wahlzettel ans Wahlbüro.
die Erststimme	Sie entscheidet darüber, welche Abgeordnete oder welcher Abgeordnete direkt ins Parlament gewählt wird. Man sagt auch Direktmandat dazu. Es ist die Person, die die meisten Stimmen erhalten hat.
die Kandidatin / der Kandidat	die Person, die sich zur Wahl stellt
die Koalition	Es schließen sich mehrere Parteien zusammen, um gemeinsam zu regieren.
das Mehrheitswahlrecht	Es ist gewählt, wer die meisten Stimmen bekommen hat.
die Opposition	Alle Parteien, die nicht zu den Regierungsparteien gehören. Die Opposition kontrolliert die Regierung und kann zum Beispiel eigene Gesetzesvorschläge einbringen.
die Partei	ein Zusammenschluss von Personen mit den gleichen politischen Interessen und Zielen
der Stimmzettel	Ein oftmals langer Zettel mit allen Kandidatinnen und Kandidaten sowie Parteien, die sich zur Wahl stellen.

BVK • Grischa Blum / Robin Filkens / Hans-Jürgen van der Gieth: Unsere Stimme, unsere Wahl

Wahl-Wörterbuch (2)

die Wahlhelferin / der Wahlhelfer	eine Person, die am Wahltag ehrenamtlich hilft, damit die Wahl ordnungsgemäß abläuft
die Wahlkampagne / der Wahlkampf	Die Kandidatinnen und Kandidaten stellen sich und ihre Ziele vor und hoffen so, Stimmen zu gewinnen.
das Wahlrecht	Wenn eine Person die Voraussetzungen für eine Wahl erfüllt, z. B. die Volljährigkeit und die deutsche Staatsbürgerschaft, hat sie ein Wahlrecht. Das aktive Wahlrecht bedeutet, dass man wählen darf. Das passive Wahlrecht bedeutet, dass man kandidieren darf, um gewählt werden zu können.
die Wahlurne	ein geschlossenes Behältnis, in das die Stimmzettel gesteckt werden
die Zweitstimme	Mit der Zweitstimme wird eine Partei gewählt. Diese besteht aus einer Liste von Personen, die in das Parlament einziehen wollen.

Lösungen

Zu Seite 14 / 15: Noch mehr Wahlen in der Klasse
a) Die Wahl ist nicht gleich.
b) Die Wahl ist nicht frei.
c) Die Wahl ist nicht allgemein.
d) Die Wahl ist nicht unmittelbar.
e) Die Wahl ist nicht geheim.

Zu Seite 21: Wahlen in der Stadt (2)
Lösungswort: KOMMUNE

Zu Seite 29: Das Wahlrecht in Deutschland (2)
a) Die Wahl ist nicht gleich.
b) Die Wahl ist nicht allgemein.
c) Die Wahl ist nicht frei.
d) Die Wahl ist nicht unmittelbar.
e) Die Wahl ist nicht geheim.

Zu Seite 33: Die Landtagswahlen (2)
Aufgaben eines Landtags: In einem Parlament werden neue Gesetze diskutiert und beschlossen. Außerdem kontrolliert das Parlament die Regierung. Das Parlament kann Entscheidungen der Regierung widersprechen, sodass diese nicht umgesetzt werden können.

Zu Seite 36: Die Bundestagswahl (1)
Richtige Reihenfolge: Bundestagswahl, Staatsbürgerschaft, Wahlgrundsätze, geheim, Entscheidungen, Parlament, Deutschland, Abgeordnete

Zu Seite 44: Wie läuft eine Wahl ab?
Lösungswort: WAHLHELFER
Zusatzfrage: Briefwahl